小跳豆 Jumping Bean 幼兒生活安全故事系列

我小心過馬路

U0111520

新雅文化事業有限公司
www.sunya.com.hk

小跳豆
幼兒生活安全故事系列

跟着跳跳豆和糖糖豆一起注意安全守則！

　　幼兒在成長的過程中，喜歡到處探索，喜歡用眼睛看世界。他們必會對各種事物都充滿好奇，但同時毫無防備，往往做出一些危險的行為，例如爬窗、玩火、在馬路上亂跑、玩自動門等。為避免幼兒發生意外和受傷，家長可以結合幼兒的生活進行安全教育，提高孩子的自我保護意識和能力。

　　《小跳豆幼兒生活安全故事系列》共 6 冊，透過跳跳豆和糖糖豆的日常生活經歷，指導幼兒要注意安全，不要爬窗、不亂放玩具、不亂進廚房、小心玩水、小心過馬路和不要玩自動門等等。

　　書後設有「親子小遊戲」，以有趣的形式幫助孩子認識各種安全守則。「安全評分區」讓孩子給自己的日常表現評評分，鼓勵他們自我檢測一下自己的安全意識和能力。

新雅・點讀樂園 升級功能

讓親子閱讀更有趣！

　　本系列屬「新雅點讀樂園」產品之一，若配備新雅點讀筆，爸媽和孩子可以使用全書的點讀和錄音功能，聆聽粵語朗讀故事、粵語講故事和普通話朗讀故事，亦能點選圖中的角色，聆聽對白，生動地演繹出每個故事，讓孩子隨着聲音，進入豐富多彩的故事世界，而且更可錄下爸媽和孩子的聲音來說故事，增添親子閱讀的趣味！

　　「新雅點讀樂園」產品包括語文學習類、親子故事和知識類等圖書，種類豐富，旨在透過聲音和互動功能帶動孩子學習，提升他們的學習動機與趣味！

想了解更多新雅的點讀產品，請瀏覽新雅網頁(www.sunya.com.hk)或掃描右邊的QR code進入 新雅・點讀樂園 。

如何使用新雅點讀筆閱讀故事？

1. 下載本故事系列的點讀筆檔案

1 瀏覽新雅網頁(www.sunya.com.hk) 或掃描右邊的QR code 進入 新雅‧點讀樂園 。

2 點選 下載點讀筆檔案 ▶ 。

3 依照下載區的步驟說明，點選及下載《小跳豆幼兒生活安全故事系列》的點讀筆檔案至電腦，並複製至新雅點讀筆的「BOOKS」資料夾內。

2. 啟動點讀功能

開啟點讀筆後，請點選封面右上角的 新雅‧點讀樂園 圖示，然後便可翻開書本，點選書本上的故事文字或圖畫，點讀筆便會播放相應的內容。

3. 選擇語言

如想切換播放語言，請點選內頁右上角的 粵 ☆ 普 圖示，當再次點選內頁時，點讀筆便會使用所選的語言播放點選的內容。

4.播放整個故事

如想播放整個故事，請直接點選以下圖示：

5.製作獨一無二的點讀故事書

爸媽和孩子可以各自點選以下圖示，錄下自己的聲音來說故事！

① 先點選圖示上 爸媽錄音 或 孩子錄音 的位置，再點 OK ，便可錄音。

② 完成錄音後，請再次點選 OK ，停止錄音。

③ 最後點選 ▶ 的位置，便可播放錄音了！

④ 如想再次錄音，請重複以上步驟。注意每次只保留最後一次的錄音。

爸媽請使用
這個圖示錄音

孩子請使用
這個圖示錄音

跳跳豆和糖糖豆今天特別高興，
因為爸爸答應帶他們去看電影。

跳跳豆看見馬路上沒有汽車，
便嚷着要過馬路。
爸爸說：「不行，
現在雖然沒有汽車在行駛，
但紅燈還是亮着的呢！」

過了一會兒，
跳跳豆指着行人過路燈說：「爸爸，
現在不是紅燈，是綠燈了！」
爸爸說：「對，綠燈亮起，
表示可以過馬路；
當綠燈一閃一閃時，
表示燈號快要轉回紅色了。」

爸爸還沒有說完，跳跳豆着急地叫：
「可以過馬路了！」
爸爸說：「還不可以。
燈號雖然是綠色，
但是我們還要先看看右，再看看左，
看清楚以後，確定車子全停下來了，
我們才可以過馬路。」

跳跳豆説：「我怕去晚了，
買不到電影票啊！」
「哈哈，傻孩子，
不用急，電影票已經買了。
時間還早，讓我多教你們
幾種過馬路的方法吧！」
爸爸笑着説。

糖糖豆好奇地問：

「還有什麼安全過馬路的方法？」

爸爸笑着說：

「我們可以從地底過馬路，

猜猜是什麼地方？」

跳跳豆抬頭看見一個指示牌，

便搶着答：

「我知道，是隧道。」

爸爸說：「對了。
給行人使用的隧道建在地底，
這裏沒有汽車行走，
比在地面走路安全得多。」
糖糖豆邊走邊說：
「隧道就像一個長長的山洞，
真有趣！」

走出隧道後，
爸爸指着前方説：
「建在地面上空的天橋，
也是用來過馬路的。」

「哈哈，在天橋上過馬路，
汽車在我們的腳下行走，
我比它們還高呢！」
糖糖豆高興地說。
這時，跳跳豆看到一個小朋友，
正跨越護欄橫過馬路，
跳跳豆不禁大聲叫道：
「噢！他這樣過馬路，多危險！」

「哎呀！他被汽車撞倒了！」
跳跳豆嚇得大叫起來。

爸爸對孩子們説：

「希望這位小朋友沒事吧。

你們要記着遵守交通規則過馬路，

才是安全的方法。

胡亂過馬路，

會很容易發生意外的啊！」

爸爸、跳跳豆和糖糖豆
正沿着斑馬線過馬路。
跳跳豆說：「斑馬線和行人過路燈，
都是用來幫助我們過馬路的！」
糖糖豆問：「爸爸，
如果行人過路燈壞了，怎麼辦？」
爸爸回答說：「不用擔心，那時候，
交通警察會來指揮交通的。」

親子小遊戲

小朋友，你認識這些交通標誌嗎？把它們與其正確的意義用線連起來。

1. 　2. 　3. 　4.

●　　●　　●　　●

●　　●　　●　　●

A. 小心學童　B. 所有車輛不准駛入　C. 前面有交通燈　D. 行人止步

答案：1.B；2.D；3.A；4.C

30

安全評分區

小朋友，以下這些都是你應該掌握的生活安全小常識啊！
你做得到的話，請你把 ♡ 填上顏色。然後跟爸爸媽媽說
一說，你獲得多少個 ♡。

過馬路要走斑馬線、行人天橋或行人隧道。　

過馬路要注意來往的車輛。　

紅燈亮，要等候；綠燈亮了，才能過馬路。　

不在馬路邊玩耍。　

不橫衝、斜過馬路。　

過馬路時不打鬧。

小跳豆幼兒生活安全故事系列

我小心過馬路

原著：秋千

改編：新雅編輯室

繪圖：何宙樺

責任編輯：劉紀均

美術設計：鄭雅玲

出版：新雅文化事業有限公司

香港英皇道499號北角工業大廈18樓

電話：(852) 2138 7998

傳真：(852) 2597 4003

網址：http://www.sunya.com.hk

電郵：marketing@sunya.com.hk

發行：香港聯合書刊物流有限公司

香港荃灣德士古道220-248號荃灣工業中心16樓

電話：(852) 2150 2100

傳真：(852) 2407 3062

電郵：info@suplogistics.com.hk

印刷：中華商務彩色印刷有限公司

香港新界大埔汀麗路36號

版次：二〇二一年七月初版

二〇二二年六月第二次印刷